D1641039

Gabriele Gabriel

Geflochtener Sand
Haiku

Gabriele Gabriel

Geflochtener Sand

Haiku

Mit Sylt-Fotos von Heinz Junker

Projekte-
Verlag
Cornelius GmbH

Haiku – ist die kürzeste Gedichtform, die es in der Weltliteratur gibt. Sie kommt aus Japan. Dort erlebte das Haiku im 16./17. Jhd. einen Höhepunkt in der japanischen Dichtkunst. Matsuo Basho (1644-1694) gilt als der größte Haiku-Dichter Japans. Obwohl das Haiku nur aus 17 Silben 5-7-5 besteht, folgt es strengen Regeln. Wichtigstes Stilmittel sind Tages- und Jahreszeiten-wörter oder –themen, die Assoziationen hervorbringen und dem Vers Weite und Tiefe geben und einen verborgenen Sinn aufscheinen lassen, über seine 17 Silben hinaus. Die Sprache von Haiku und Tanka ist schlicht.

Tanka - ist ein japanisches Kurzgedicht aus 31 Silben 5-7-5-7-7. Durch Weglassen der 4. und 5. Zeile entstand das Haiku. Gedichte zwischen dem siebten und 16. Jhd. setzten sich immer aus 5 Zeilen zusammen. Die Dichterin Gabriele Gabriel knüpft an Traditionen an. Ihre kleinen Kunstwerke sind geprägt von Klarheit, Tiefe und Augenzwinkern.

Der Fotograf Heinz Junker nimmt mit genauem Blick und Einfühlungsvermögen die luftigleichten Haiku auf und zeichnet ein einzigartiges Bild von der Insel Sylt, das Raum belässt im gelungenen Zusammenspiel für das Dazwischen – zwischen Wort und Foto – zwischen Diesseits und Jenseits.

Inhalt

Frühling

Schneeglöckchenwiese.
Noch zugefroren der Teich.
Frühling drängt ins Land.

Taganbruchsdämmern
Sonne malt zart Morgenrot –
ach, ich verschlief es

Leise gluckst der Quell
unterm Eis – Vaters Hufschmied
beschlägt die Pferde

Klage mein Herz nicht
über trügerische Zeit –
der Bienenstock summt

*T*auwetter im März
Eisläuten durchzieht das Dorf –
bald ist der See frei

*E*isschollen treiben –
doch an den Teichrändern blühn
jetzt Weidenkätzchen

*N*arzissenweiße
Steinwälle künden Frühling –
links und rechts vom Weg

*A*uf rundem Stein hockt
Ein Wicht. Schon zieht er den Hut
Moosgrün – oder nicht?

Wildtauben am Watt
schnäbeln und gurren – ist denn
der Frühling schon da?

Finkenruf kitzelt
den krummen Birkenstamm – da
springen die Knospen

*K*irschblüten im Frost
fallen aus kahlen Zweigen –
eine Drossel fleht

*D*ie Hecke versinkt
April April – ruft der Schnee –
forsythiagelb

Unverhofft trommelt
Regen aufs Heidefell – mein
Ärmel beschirmt mich

Geh früh mit dem Wind!
Folg den Schrittmustern im Sand.
Finde deine Spur.

Ende April ist
alles trocken wie Zunder –
Landregen blieb aus

Die Schwalben sind da,
zimmern Nester – wie immer –
rund ums Scheunendach

*H*yazinthenduft
fällt reif ins Gras – niemand bringt
die Frühernte ein

*L*öwenzahn verschickt
Silbersamen im Wind – zart
und traumbefangen

Ein Grünspecht hämmert.
Mein Puls schlägt laut und schneller.
Vorfreude auf was?

Amselruf berührt
Nur leise Herz – damit kein
Schmetterling erschrickt

Der Kuckuck ruft lang
ich mag ihm heut nicht glauben –
so sehr zagt mein Herz

Möwenschrei liebkost –
Nordseeinsel und Hallig –
mit kargem Herzton

Morgenglut gerät
in meine Frühstückssuppe
Tag und Suppe – rot

Maikäfer – dein Tod
ist uns – im Wonnemonat –
Sommervorbote

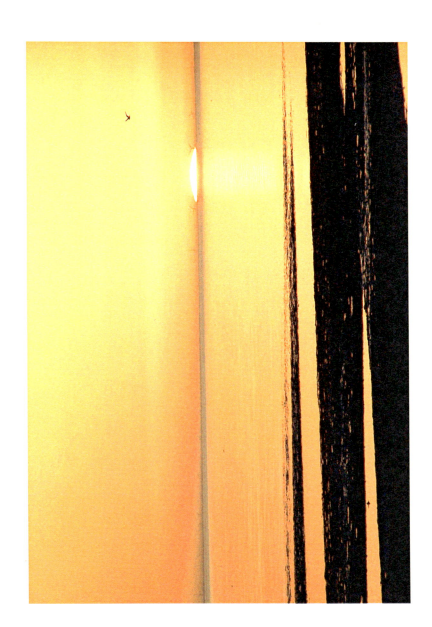

Das Fingernägelchen Mond
verloren im Taghimmel –
ach, wer schnitt es ab

Im Maischollenmeer
Worte fangen – im Mondsieb –
helles Kinderspiel

Noch – im Rosental
hängt heiser – Fasanenschrei –
lässt sich nicht fangen

Täglich singt jezt ein
Amselhahn auf dem Schornstein –
will er mich freien?

Mohn entflammt heftig.
Die Schattenecke flackert.
Grünroter Leuchtturm.

Heiliges Warten –
bis sich die Glockenblume
öffnet – welch ein Duft

Nachmittagsschauer
Regentonnenüberfluss
Gießkannenleere

Im Sanduhrenschritt
mit dem Regenbogen ziehn –
träumend – von Herdglut

Nah – ein Wolkenloch –
dahinter der Himmel und
noch weiter der Mond

Das Salzwasser kommt.
Keine Sturmböe hält – standfest –
den Meeratem an

R osenblätter auf
dem Weg und Rauchzeichen – doch
kein Mond kommt zum Fest

R eich mir den Mund her!
Den rot zerwitterten Stein –
atemlose Nacht

Ein Falter setzt sich.
Deine Schulter bebt leis – was
für ein Widerhall!

Ein Füchslein zündelt
mit feuerroter Rute –
ach, der Himmel brennt

Anlandeort – für
allerlei Tierart – bin ich –
Zittergras im Wind

Marienkäfer
üben Tiefanflug ins Watt –
ich bin dort – im Weg

Stöcke in Reihe.
Sandkörner wandern im Wind.
Die Vordüne wächst.

Keine Meeresbriese –
Wegweiser – schert sich jemals
um deine Richtung

Nordsee verbirgt den
Abgrund. Manchmal springt ein Fisch –
hoch – in den Himmel

Die Feldlerche steigt
ins Blau und fällt – steigt und fällt –
kein Tag ohne Lied

Sommer

Sommertag am Meer.
Wellen baden in Sonne.
Salzig blüht die Haut.

Weißes Segelboot
ankert im Mittagslicht – hoch
über der Tiefe

Ein Rettungsschwimmer
hisst seine Strandfahne — jetzt
weiß das Meer Bescheid

Die Nordsee riecht heut
fischig — wo ist der Schuft — der
das verändelt hat

Schwemmholz-Sonnenuhr
sammelst Zeit im Schattenkreis –
lautlos wächst dein Tag

Alterslos wiegen
Wellen sich – ungebunden –
im Gezeitentanz

Ein Silberfisch springt
fischt sich aus dem Mittagsblau –
eine Perle Luft

Überhöre nicht
die hingehaltene Hand –
der Himmel ist weit

Lauf zum Rosenstrauch!
Zwischen den Dornen blühen –
heut – Wolkenhexen

Rosenblütenschnee.
Gestern schon und morgen. Die
schöne Braut kommt nicht.

Prasselheißer Tag.
Wildrosenblätter stürzen –
aus Blütensternen

Ich bin verloren –
zwischen losem Inselsand
schneit es mir ins Herz

Flugsand holt sich die
siebte Dünentreppe – wer
hat noch Holzvorrat

Mädchen lauf! Der Strand
flieht schon – vor dem Sturm – laß dein
Halstuch nicht zurück

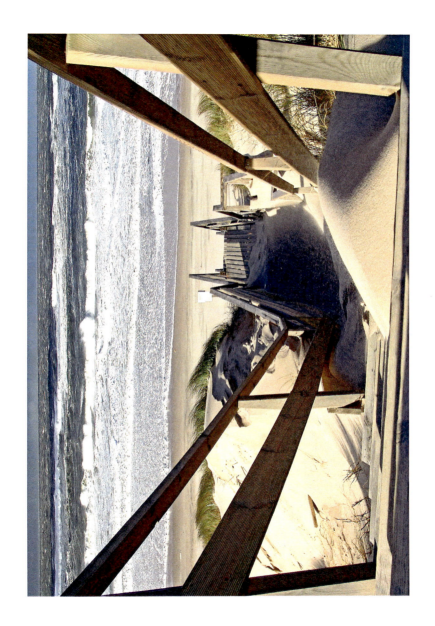

chwarze Zahlen auf
weißem Strandkorbgrund – funken
hell – aufs Meer hinaus

trandkorbdrehwärter
mit der Klimpertasche – voll
Münzen aus Sonne

Im Strandkorb sitzen
auf Wolkenlöcher warten –
lichtes Geduldspiel

Mein Strandkorbhaustier –
ein schwarzer Käfer – hält mich
flott - in Bewegung

*W*olkenraupe schleicht
auf nassen Beinen – will das
Meer fressen – oh je!

*A*m Meer stehen – für
eine Nacht obdachlos – doch
reich beschenkt vom Mond

Münzen im Brunnen
Lampions hoch im Geäst
Lichterfest aus Sand

Juglärm fällt ins Meer
Seesterne schlafen im Tang -
dumpf grollt die Brandung

Buhnen vermessen
die Zeit – rostangenagt und
leuchtgrün von Algen

Schaukeln vom Spielplatz
an Ketten und Seilen – seid
ihr – schon immer frei

*M*eine Teichschwester
träumst du – ins Blau – vom Fortgehn
mit dem großen Meer?

*G*ewitter zieht auf.
Ein Eismann umkreist den Strand.
Sommerabkühlung.

Das Wetter dreht sich.
Eisiger Wind vom Meer – still
jeder Dünenfrosch

Strandkörbe blinken
Perlweiß im Nieselregen
Kein Abendrot kommt

Geflochtener Sand
umgürtet fest die Nordsee –
Flut löst alle Form

Heidehügel sticht
rot – die Sterne aus – alles
ist so kindlich nah

Abertausendfach
glimmert Meerwasser im Licht –
Sternwispern bei Tag

Der Kuckuck fällt aus
dem Baum – nun weiß ich nicht mehr
wie alt bin – wa(h)r ich

aghelle Heide.
Die Frösche quarren lauter.
Der Mond ist randvoll.

laub nicht dem Storch! Er
hat rote Füße – vertrau
dem Kind – es spricht wahr.

Ameisen laufen
an der Steinwand hoch zum Dach –
was suchen sie dort?

Goldblitze hüpfen
auf blauem Tagmeer. Und nachts –
Glühwürmchenwetter

Schwalben pflücken flink
Mücken aus der Abendluft –
oh, dieses Pfeifen

Im Hof knarrt ein Frosch.
Die Zinkbadewanne sein
Teich. Wo kam er her?

Heiderot leuchtet.
Deine Lippen finden mich –
krauses Versprechen

Hochzeitstag Ende.
Der Himmel rührt die Trommeln.
Hühnereigroß paukt
Hagel laut das Bahnhofsdach.
Russgesegneter Anfang.

Die Heide schweigt. Zeit
schläft im Spiegelteich. Neumond
weckt keine Unke.

Nimm mich heut Nacht mit
in Gärten wo Bücher wie
Schiffe in Bäumen
segeln – ganz selbstvergessen –
von Schmetterlingen umspielt

Kornig schau ich auf
zerrissenes Rosenrot –
Spätsommerschauer

Linsengrüner Teich
deine Wasserhaut verbirgt –
mir – ein Geheimnis

onne schimmert fahl
im Watt. Bald schon vorbei – die
südliche Wärme.

ommer schreibt deutlich
Ins Nebelbuch September
Die Libelle geigt

Herbst

Eine Kerze brennt.
Strohhell Dünengras im Wind.
Ein Seestern blinkt Herbst.

In trockner Heide
ampelt ein Vogelbeerbaum.
Bittersüßschauer.

Fern die Wartkante –
zu nah alle Windräder –
bald wird es regnen

Laufen im Wattschlick
Die Priele sind tief – wo bleibt
der Regenbogen

Samtregentage.
Kalender verspricht Ernte.
Pilzsegen blieb aus.

Mein Herz liebte heiß –
Hummelgebrumm – jetzt narren
es Hagebutten

Wie scheint der Himmel
so weit. Nie die Stille so
groß – Sommerabschied.

Stare durchrascheln
flink – bunt eingefärbtes Laub –
alles ist jetzt reif

Weißgraue Seide
trägt das Wetter heut keck. Kein
Horizont in Sicht.

Strandhafer tanzt hell
biegt und wiegt sich – rennt hangauf –
Wind will ihn pflücken

Herbststurm peitscht das Holz
Sonnenuhrschatten zittert –
plötzlich kippt der Tag

Bin so weit fort. Doch
der Mond scheint bestimmt – auch – voll
auf mein Haus. Daheim.

Allerlei Vögel
in Watt und Heide – Zeit der
Samen und Beeren

Dohlen zerpfeifen
hell die Mittagsstille – so
köstlich ist ihr Mahl

In jeder Mondnacht
weben Spinnen das Haus ein –
Altweibersommer

Ein Schmetterling schläft
in letzter Rosenblüte –
oh, diese Unschuld

Zwei Menschen schlingen
wärmend sich ineinander –
brauchbares Herbstbild

Sei mein Regendach
Wanderdüne – bevor du
fort gehst – mit dem Wind

Dein Wort verschattet
Eine krause Nacht – ich kehr
Scherben Gespenster

Dunkle Wolkenfrau
späht übern Sandberg – im Schlepp
weißgraue Schäfchen

Gartenparadies.
Blätter treiben auf dem Teich.
Rot locken Äpfel.

Das Haus ist leer. Die
Fenster blind. Wer schlug – vor mir –
die Gartentür zu?

Heut ist der Mond reif.
Schließt die Fenster die Türen!
Die Märchen sind los.

An Wassermühlen
und morschen Balken im Bund –
auf Geistersuche

Der Tisch ist gedeckt.
Die Glasharfe musiziert.
Niemand kennt das Haus.

Glühwürmchen spenstern
über dunkler Heide – die
Turmuhr zählt die Nacht

B irnen fallen. Plopp. Tönt das Gras. PloppPlopp. – Plopp! Welch magischer Rhythmus.

S pinnweben wandern. Burschen auf der Walz. Ankern im Ungewissen.

Ebbe und Flut schreibt
Strandzeit deutlich in den Sand –
die Stundenuhr welkt

Meine Jacke – zu
dünn fürs Nebelfest – füllt sich –
prall mit feuchtem Herbst

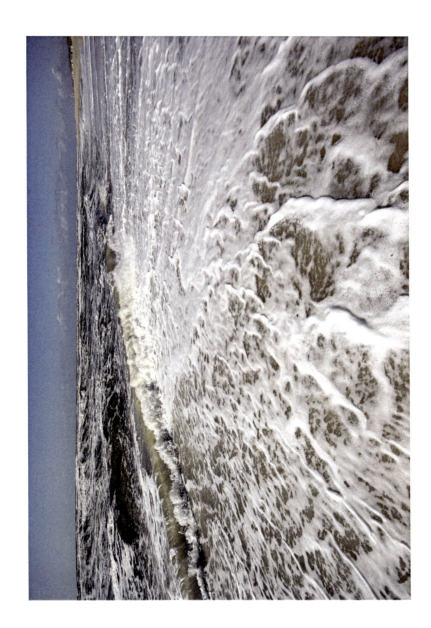

*D*as Haus spiegelt sich
Weiß in einer Pfütze. Welch
bewegte Kurzweil!

*H*agebuttenrot
lichtert von gelben Dünen –
Leuchtturmkonkurrenz

*W*irf den Kiesel weit!
Sein Kreis wird dich berühren –
ein Ahnen vom Grund

*V*on irgendwo her
fällt Entenruf in den Tag –
überbrückt Nebel

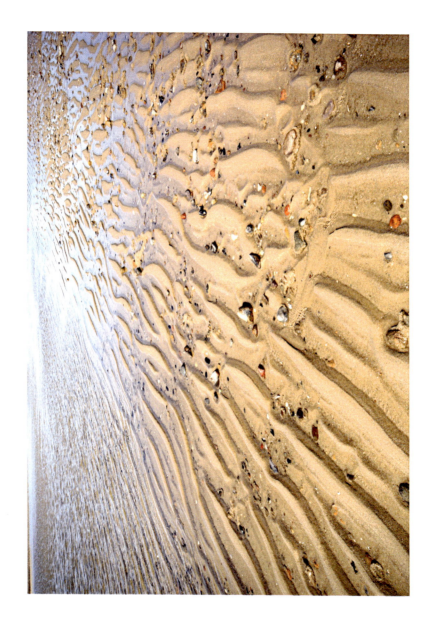

turm baut vorm Fenster
Wolkennester – rot – regnen
Hagebutten mir
ins Bett – wer weiß wohin soll
ich – bleiben oder gehen.

ledermausschreie
Wolken verdunkeln den Mond –
Kleider flattern scheu

ater keltert schon
Trauben – und ich – einbringe
Zeichen ins Papier

m Traum rief mich sacht
die Insel beim Namen – den
Salzkuß spür ich noch

Wildgänse im Watt
haben ihr Bleiberecht – längst
verwirkt – an den Frost

Wildgänse ziehn. Kein
Wind hält sie auf – kein Berg – ihr
Kommen erwartet.

S eehunde flügeln.
Quer über den Sand schieben
sie. Mein Fahrrad mit
flinkem Flossenschlag. Immer
den Regenbergen voraus.

N achtfalter falten
Flügel mit Goldstaub – manchmal
Ein Hauch Ewigkeit

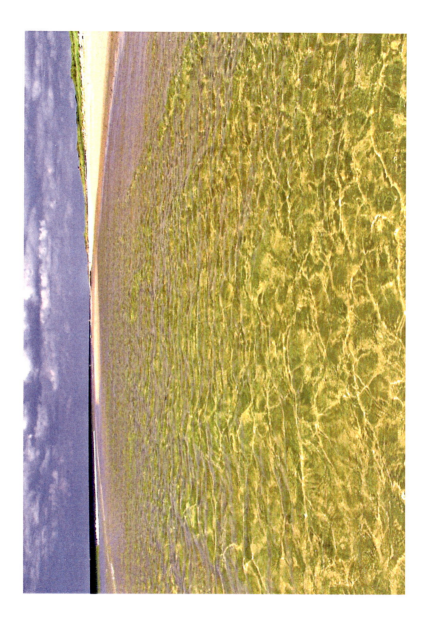

Nebel ziehn lautlos.
Drachen knattern hoch im Wind.
Vogelschrei – fort fort.

Sommerzeitende.
Uhr wird richtig gestellt. Früh
kommt jetzt Dunkelheit.

Winter

Still! Die Sehnsucht schläft.
Aus tiefstem Brunnen glänzt ihr
Spiegelbild herauf.

Möwenfedern am
Strand und rote Fuchswolle –
wer hat gewonnen?

Apfelsternschnuppen

fallen aus dem Baumhimmel –

lautlos – in den Schnee

Im Traumhorizont

blüht jetzt Mohn – kräftiger rot –

hol es in den Tag

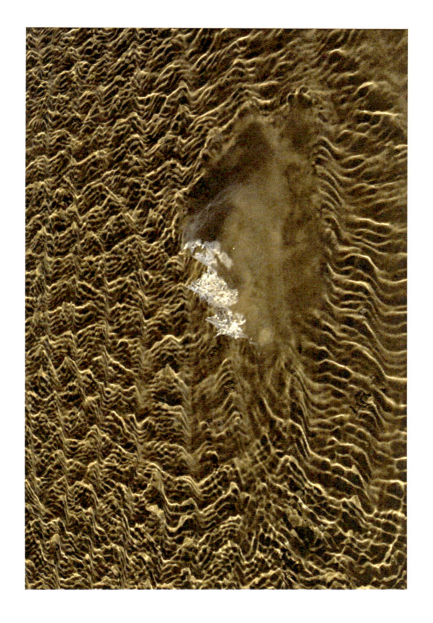

Wind stöbert unstet
durch schattenlose Gassen –
welch große Unrast

Der Mond blieb heut aus
viel dunkler der Traum – wo ist
die klare Kühle

Alles verloren.
Sand fegt über den Dorfplatz.
Die Weißdüne kommt.

Angst kappt der Zunge
Die frisch gesetzten Segel
Verspiegelter Tag

Saatkrähen wenden
steifes Raureiflaub um und
um – Kargzeit ist da

Winterschlaf im Teich
doch im Frühjahr entsteigen –
blaue Libellen

Wie einen Garten
trag ich Zeit in der Tasche –
falte sanft weiße
Buchseiten – und entlasse
Flaschenpostworte ins Meer

Dein Gesicht schimmert
mir heut – sonderbar dunkel –
leis fällt erster Schnee

Auf schwarzen Zweigen
Leuchttürmen Rosenfrüchte
Winterversprechen

Der Dorfteich zwitschert –
wenn ein Stein übers Eis tanzt –
aus fremder Tiefe

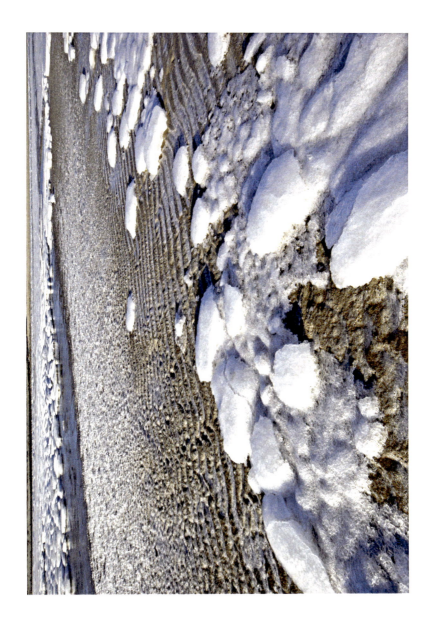

R

aureifatem webt
Die Wege klingeln gläsern
Flüchtiges Geschenk

D

u hast mich kurz um
den Finger gewickelt – nun
fühlst du dich sicher

R

osen im Regen
Gebeugtes Knie am Altar
Segen von oben

G

rabplatten. Uralt.
Ans Kirchlein geschmiegt – auch sie –
Bollstein bei Sturmflut?

Finger sticheln sanft
Farbmuster in Leinen – die
Abende sind lang

Vergessen zischelt
ein Apfel im Backofen –
Duft breitet sich aus

h, Hortensie!
Filigran dein Winterkleid –
ganz Blaubruchseide

ebelhaar fällt auf
Dünen. Löscht das Insellicht –
weit vor seiner Zeit

Wintergesellen
bestecken Kiefern im Dorf –
nur ein Schelmenstreich?

Schneeflocken wirbeln.
Im Schlehdorngestrüpp – zittert
spitz – ein Wintertraum.

Glasland! Der Raureif-
Bäcker streift heut querfeldein –
Tauwind schleicht ihm nach

Der Mond läuft Schlittschuh.
Alles morsch. Wer rettet ihn,
wenn das Seeeis bricht?

Frost Neujanuar!
Schneemänner feiern im Hof.
Die Stille zerbricht.

In deinem Spiegel
geigt der blaue Himmel sacht –
kahle Baumkrone

Februar geht auf
Brautschau – grünweiß sein Kleid – ganz
Schneeglöckchenläuten

Kirchglocken stoßen
Kindheit an. Auf die Hochzeit
fällt – plötzlich Schatten

Wortsegel setzen
Und auf Schatzsuche gehn – ur-
alter Küchenbrauch

Mond steigt voll in den
Frosthimmel ein. Die Sterne
verblassen – vor Schein.

Frühling im Winter
Warme Kleidung ade – nur
Der Teich trägt Eishaut

Plötzlich bricht ein Zweig
Unter Wildtauben – es knallt –
Als fiele der Baum

*R*egen einsammeln.
Tropfen für Tropfen im Sieb.
Langes Vergnügen.

*K*arussell aus Sand
dreh dich flink, drehe dich schnell –
die Kinder frieren

*D*as Meer legt Trennung
zwischen das Land – bisweilen
eine alte Furt

*L*aß die Tür offen!
Wenn du fort gehst in der Nacht –
kommt tröstlich der Mond.

Wasserrinnsale
hangab – und hoch über der
Gest – Hahnengeschrei

Gelb blüht der Ginster
in dunkelbrauner Heide –
kostbarer Herzschlag

ndlich Schlittenzeit!
Vom Schneehang gegenüber
rufen die Kinder.

iszapfen wachsen
Pfützen mit Lufteismützen –
welch kindlicher Spaß

Kälte! Das Seeeis
zieht sich krachend zusammen –
Risse tun sich auf

Über dem Neuschnee
liegt weiß – ein Spinnennetz. Ach,
diese Radfahrer.

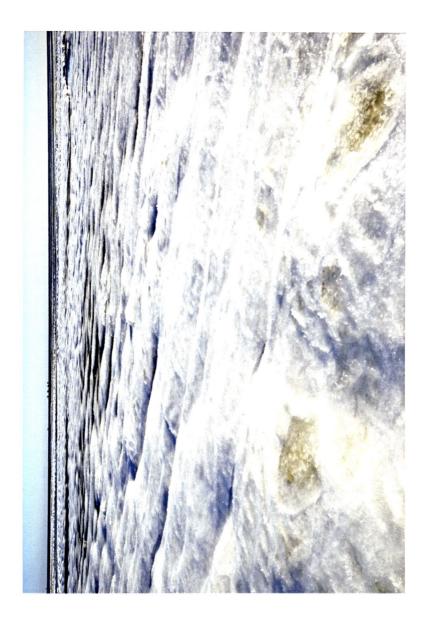

isblumen reifen.
Kalt ist das Jahr. Noch schläft in
der Erde der Keim.

ch. Alle Haiku
riechen – nach Muscheln und Tang –
merke ich erst spät

Die Autorin

Gabriele Gabriel,

am 20. April 1946 in Potsdam geboren, studierte Chemie und Kriminalistik in Potsdam und Literatur und Schriftstellerei in Leipzig. Seit 1982 lebt sie als freie Schriftstellerin in Leipzig. Sie ist bekannt geworden mit Kriminalfilmen wie „Der Kreuzworträtselfall", „Der zersprungene Spiegel", „Der Pferdemörder" und „Eine nette Person". Letzterer nimmt einige Motive aus ihrem Kriminalroman „Schuldschein gegen Totenschein", Projekte -Verlag Halle wieder auf.

1994 erscheint ihr erster Gedichtband „warten auf grün", 2007 „Sylt - 9 Minuten vor Sonnenaufgang" im Husum Verlag. Seit 1999 ist die Autorin auch als Herausgeberin und Mitautorin von Anthologien tätig.

Seit 1975 begleitet die Autorin Schreibgruppen, gibt Schreibwerkstätten und Fortbildungsseminare in Potsdam, Leipzig, Hamburg, Jerusalem, Alfter/Bonn, Burg Liebenzell und Bad Urach. Seit 20 Jahren fährt sie zu Schreibwerkstätten in die Akademie am Meer nach Klappholttal/Sylt.

Sie ist immer neugierig auf Menschen und Geschichten, immer auf Entdeckungsreise durch verhexte Türen, um eigene Worte zu finden und eigene Form. Schreiben heißt für die Autorin, mit Worten tanzen.

Der Fotograf

Heinz Junker,

am 16. Januar 1951 in Stützerbach/Thüringen geboren, erlernt den Beruf des Glasapparatbläsers an der Betriebsberufsschule „Technisches Glas" Ilmenau. Abschluss 1970. 1980 schließt er eine zweite Lehre als Kellner ab und arbeitet bis 1993 als Buffet – und Gaststättenleiter.
Seit 1996 lebt Heinz Junker auf der Insel Sylt, ist anfänglich noch in seinem Beruf tätig und übernimmt 1997 in der Akademie am Meer, Klappholttal/List eine Arbeit als Hausmeister.
Die Landschaftsfotografie auf Sylt wird ab 1999 zum beherrschenden Thema in seiner Freizeit. Unter seinem eigenen Label „Sylt, Sonne und Meer" hat er seither unzählige Ansichtskarten und Poster veröffentlicht. 2007 folgt eine größere Fotoausstellung in der Akademie am Meer/Klappholttal, die zahlreiche Besucher anzieht. 2008 erscheint sein erster Fotoband „Sylt-Stille" mit Texten von Knud Eike Buchmann.
Die Idee zu einem gemeinsamen Buchprojekt „Foto und Haiku" entsteht 2005. Ein Jahr später gibt Gabriele Gabriel den Titel „Geflochtener Sand" vor. Fotograf und Autorin machen sich an die Arbeit…

Gabriele Gabriel

Schuldschein gegen Totenschein

Paperback

198 Seiten, 13,8 x 19,6 cm
Preis: 11,80 Euro   ISBN 3-86634-095-8

Gabriele Gabriel

Sylt
9 Minuten vor Sonnenaufgang

Husum Druck- und Verlagsgesellschaft

Reihe: „Sylter Beiträge"

159 Seiten, 11,5 x 19,0 cm
Preis: 8,95 Euro   ISBN 978-3-89876-296-0

Impressum

1. Auflage
© Projekte-Verlag Cornelius GmbH, Halle 2009 • www.projekte-verlag.de
Mitglied im Börsenverein des Deutschen Buchhandels

Satz und Druck: Buchfabrik Halle • www.buchfabrik-halle.de

Mit Sylt-Fotos von Heinz Junker

ISBN   978-3-86634-710-6
Preis: 24,90 EURO